Das Marmeladen-Einmacheins

Die besten Rezepte vom Marmeladenmädchen

Jeannette Jaster

Das Marmeladen-Einmacheins

Die besten Rezepte vom Marmeladenmädchen

Fotos: Ulrich Lindenthal-Lazhar

Für den wichtigsten Menschen in meinem Leben,
meine Tochter Mathilde

Inhalt

Ich bin das Marmeladenmädchen ...

Marmelade kochen ist für mich wie Poesie. Es entspannt und macht glücklich. Wenn es im Topf brodelt und sich frisches Obst in köstliches Gelee oder feine Konfitüre verwandelt, dann bin ich zufrieden. Das war schon in meiner Jugend so, als meine Uroma das Feuer im Herd anfachte, um die Früchte, die voll praller Sommersonne aus ihrem Garten kamen, einzumachen. Mit viel Liebe, Sorgfalt und Kochwissen füllte sie schier endlose Gläserreihen mit leckerer Marmelade, die das wohlige Gefühl der Wärme und den Geschmack von unbeschwerten Ferientagen für die kalten Wintermonate konservierte.

Oft stand ich neben der Uroma am Herd und schaute ihr zu, durfte gelegentlich naschen oder das Obst putzen. Und diese große Liebe zum Kochen, die man aus jedem Glas, das man im Laufe des Jahres verzehrte, herausschmecken konnte, die weiß ich auch heute noch zu schätzen, und auch deswegen koche ich so gerne Marmelade.

Einiges hat sich inzwischen geändert. Das Obst kommt nicht mehr aus Uromas Garten, und der süße Brotaufstrich darf sich per EU-Definition nur noch Marmelade nennen, wenn er ausschließlich aus Zitrusfrüchten hergestellt wird.

... und koche die feinsten Konfitüren

Alles andere, ob musig oder mit Stückchen, heißt nun Konfitüre. Gelees allerdings sind, was sie immer waren: durchscheinende, halbfeste Zubereitungen aus Fruchtsäften. Doch nicht nur für mich ist Marmelade immer noch der Sammelbegriff für all die herrlichen fruchtigen Brotaufstriche, die ein Frühstück erst komplett machen.

Wenn ich heute am Herd stehe, wird es ganz ruhig und der Sturm, der am Tag oft herrscht, legt sich. Alles wird still. Es ist für mich wie Meditation, und ich schöpfe viel Kraft daraus. Aus dem anfänglichen Hobby ist inzwischen weit mehr geworden. Neben meinem Hauptberuf als Kriminaloberkommissarin und dem Alltag mit Kind und Haushalt bin ich nun passionierte Marmeladenköchin. Und darüber bin ich sehr glücklich.

Küchenpraxis

Zuckersorten und Einmachhilfen

Traditionell werden Marmeladen und Konfitüren nach der Formel 1:1 gekocht. Das heißt, auf 1 Kilogramm Früchte kommt 1 Kilogramm Gelierzucker, eine Mischung aus Zucker, Pektin und Zitronen- oder Weinsäure. Dank des zusätzlichen Pektins im Gelierzucker verkürzt sich die Kochzeit deutlich, was dem frischen Fruchtgeschmack zugute kommt – und Kalorien spart. Pektin ist ein natürliches, unverdauliches Bindemittel mit gelierender Wirkung aus den Zellwandbestandteilen von Pflanzen. Es wird hauptsächlich aus Obst mit hohem Pektingehalt wie Äpfeln oder Zitrusfrüchten gewonnen und flüssig oder in Pulverform angeboten. Am bekanntesten ist das Apfelpektin.

Wenn Sie mit einer Frucht arbeiten, deren Pektingehalt eher gering ist (z. B. Erdbeeren oder Birne), kann es notwendig sein, den Geliereffekt zu verstärken. Dies geht nicht nur mit Pektin. Auch Säure wie beispielsweise frischer Zitronensaft kann einen gelierenden Effekt erzeugen. Zitronensäure gibt es außerdem in Pulverform im Backregal jedes Supermarkts. In einigen anderen Gelierhilfen sind zusätzlich chemische Konservierungsstoffe enthalten. Darauf sollte man möglichst verzichten. In Bioläden und Reformhäusern gibt es natürliche Gelierhilfen wie Agar-Agar, N-Gel, Uni-Gel, Apfelpektin oder Bio-Bin (Johannisbrotkernmehl).

Heute ist die klassische 1:1-Mischung vielen Feinschmeckern zu süß. Deshalb greifen sie zu speziellen Gelierzuckersorten mit einem höheren Pektingehalt, die zusätzlich auch Konservierungsstoffe enthalten. Bei Gelierzucker 2:1 braucht man für 1 Kilogramm Früchte nur noch 500 Gramm Gelierzucker, bei Gelierzucker 3:1 für 1,5 Kilogramm Früchte nur noch 500 Gramm Gelierzucker. Allerdings bedeutet weniger Zucker auch eine geringere Haltbarkeit der Marmelade.

Eine zuckerfreie Alternative ist der Agavendicksaft, den es im Reformhaus, im Biohandel und in gut sortierten Supermärkten zu kaufen gibt. Dieses natürliche, sirupartige Süßungsmittel wird aus dem Herz der mexikanischen Blauen Agave gewonnen. Es ist sehr gut löslich und etwas süßer als Zucker, hat aber weniger Kalorien. Ebenfalls als Zuckerersatz geeignet sind Apfel- oder Birnendicksaft. Inzwischen ist in der EU auch Stevia als Süßungsmittel zugelassen. Es wird aus den Blättern der Steviapflanze in Mittelamerika gewonnen und als Pulver oder in flüssiger Form angeboten. Um den Fruchtaufstrich zu gelieren, muss man in allen Fällen zusätzlich ein Geliermittel zugeben.

Ich verwende zum Gelieren und Konservieren fast immer Gelierzucker 2:1, da ich damit den besten Geschmack und die gewünschte Konsistenz erziele. Aber es gibt selbstverständlich auch viele andere Wege, die Sie nach Wunsch ausprobieren können.

Beeren und Früchte

Frische Früchte aus dem Supermarkt, vom Biobauern, aus Nachbars Garten oder selbst gesammelt – alles, was lecker schmeckt, kommt bei mir in den Topf. Damit das Ergebnis dann mindestens ebenso gut schmeckt wie die frischen Früchte, sollten Sie einige Dinge beachten.

Beeren und Früchte müssen makellos sein, keine Druckstelle aufweisen und reif, aber nicht überreif sein. Angeschimmelte Früchte immer wegwerfen, selbst wenn sie nur eine kleine Schimmelstelle haben. Der gesundheitsschädliche Schimmelpilz hat sich nämlich schon in der ganzen Frucht verteilt, bevor Sie ihn mit bloßem Auge erkennen können.

Alle Beeren, vor allem Himbeeren und Erdbeeren, sind empfindlich gegen Druck und Wasser. Deshalb sollten Sie Himbeeren nur falls unbedingt nötig waschen. Alle anderen Beeren vertragen eine sanfte Dusche. Dazu die Beeren in kleinen Portionen in ein Sieb geben, kurz abbrausen und gut abtropfen lassen. Anschließend zum Trocknen auf Küchenpapier ausbreiten. Erst dann Stiele und Blütenkelche abzupfen. Bei Johannis-

beeren geht das Abstreifen von den Rispen am schnellsten mit Hilfe einer Gabel. Kirschen sollten Sie am besten gleich verarbeiten. Sie werden zuerst gewaschen und dann entstielt, damit nichts von ihrem köstlichen Saft verloren geht. Für das Entsteinen von Kirschen und Zwetschgen gibt es im Handel spezielle Tisch- und Handgeräte. Sie können dafür aber auch einfach eine Sicherheitsnadel nehmen: Die Sicherheitsnadel am Verschluss festhalten und den Ring am anderen Ende in die Kirsche drücken. Der Stein bleibt im Ring hängen und lässt sich dann leicht herausziehen. Fangen Sie den austretenden Saft in einer Schale auf.

Wichtig: Beeren und Früchte erst wiegen, wenn sie entsteint oder entkernt und geputzt sind. Wiegt man sie vorher, stimmt das Mengenverhältnis von Obst und Gelierzucker nicht genau, und die Marmelade kann zu süß oder auch zu fest werden. Wer keine Kerne in seinem Fruchtaufstrich mag, püriert das Obst vor dem Kochen mit dem Stabmixer oder im Mixer. Dann streicht man das Püree noch zusätzlich durch ein Haarsieb, um auch die letzten Kernchen zu entfernen.

Vom Topf ins Glas

Marmeladen und Konfitüren, die mit Gelierzucker gekocht werden, müssen immer in saubere, heiß ausgespülte Twist-off-Gläser eingefüllt werden. Vergessen Sie nicht, auch die Deckel heiß abzuspülen. Nach dem Kochen werden die Fruchtmasse sofort in die

Gläser gefüllt, der Glasrand gesäubert, der Deckel fest aufgeschraubt und die Gläser für etwa 10 Minuten auf den Kopf gestellt. Weil heiße Luft dünner ist als kalte, entsteht beim Abkühlen direkt über der Oberfläche der Marmelade ein luftleerer Raum. Durch dieses Vakuum wird der Deckel fest an das Glas gesaugt. Nur so ist der Glasinhalt luftdicht abgeschlossen und vor Schimmelbildung geschützt.

Klassisch hergestellte Marmelade (1:1 ohne Gelierhilfe) kann in jedes hitzebeständige Glas mit glattem Rand gefüllt werden. Schneiden Sie aus Pergament- oder Wachspapier Kreise im Durchmesser der Glasöffnung aus. Die Papierscheiben nach dem Einfüllen auf die heiße Marmelade legen und mit dem Finger glatt streichen, damit keine Luftblasen bleiben. Dann ein mit Wasser angefeuchtetes Stück Zellophan mit der nassen Seite nach außen über den Glasrand spannen und nach unten ziehen. Mit Küchengarn oder Gummiringen befestigen.

Ich verwende am liebsten Twist-off-Gläser. Als Geschenk finde ich aber auch die Einweckgläser sehr hübsch. Gläser und Gummiringe werden zunächst 10 Minuten ausgekocht und bleiben bis zum Abfüllen im heißen Wasser liegen. Dann abtrocknen, die Gummiringe auf die Glasöffnungen legen und die Gläser auf ein feucht-warmes Küchentuch stellen, um zu vermeiden, dass sie springen. Nun die heiße Marmelade am besten mit einem Trichters bis zur Unterkante des Weckglases einfüllen und die Gläser sofort verschließen.

Küchenausstattung

Da ich ein Freund davon bin, möglichst wenige Küchengeräte zu verwenden und mir nicht für jeden Arbeitsgang eigene Spezialwerkzeuge anschaffen will, werden Sie in meiner Aufzählung (fast) nichts finden, was Sie sich zusätzlich kaufen müssen, um mit dem Kochen beginnen zu können.

Kochlöffel
Entgegen manchen Hinweisen zur Hygiene gehören Holzkochlöffel zur Grundausstattung meiner Küche. Sie bleiben, auch wenn sie nach längerem Gebrauch dunkel werden, geschmacksneutral und stabil. Für das Marmeladekochen verwende ich einen Kochlöffel mit extralangem Stiel, denn heiße Marmeladespritzer sind schmerzhaft.

Messbecher
Zum Abwiegen von Früchten, Zucker und anderen Zutaten sowie zum Abfüllen in die Gläser sollte man einen Messbecher im Haus haben. Es gibt sehr praktische Messbecher aus Plastik mit vielen Unterteilungen, die sich leicht reinigen lassen.

Messer/Sparschäler
Es reichen ein handelsübliches Obstmesser zum Zerteilen der Früchte und ein Sparschäler (u. a. für Apfel-Fruchtaufstrich). Beide Arbeitsgeräte sollten gut in der Hand liegen. Ich bevorzuge einen Sparschäler mit quer zum Griff liegendem Messerkopf, da die Schälstriche so länger werden und ich damit besser arbeiten kann.

Passiertuch

Für einige Fruchtaufstriche und für Gelees benötigt man ein Passiertuch, das man in gut sortierten Haushaltsgeschäften kaufen kann. Sie können aber auch einen anderen feinen Baumwollstoff, z.B. ein Mulltuch aus dem Bereich Babybedarf, verwenden. Kleiner Tipp: Ein Teefilter aus Stoff eignet sich ebenfalls hervorragend zum Filtern von Säften.

Schaumkelle/Sieblöffel

Um den Schaum, der sich beim Kochen bildet, abnehmen zu können, brauchen Sie eine Schaumkelle. Lassen Sie vor dem Abschöpfen den Topfinhalt etwa eine Minute ruhen, dann können Sie den Schaum in einem Arbeitsgang entfernen.

Schneebesen

Insbesondere für Gelees und bei der Arbeit mit pflanzlichen Geliermitteln sollte man einen Schneebesen im Haus haben. Er sorgt dafür, dass die Zutaten vermengt und homogenisiert werden. Gute Besen sind aus rostfreiem Edelstahl und bestehen aus langen, dicken und stabil am Stiel verankerten Schleifen.

Schneidbrett

Die unentbehrlichen Küchenhelfer gibt es in verschiedenen Größen und aus den unterschiedlichsten Materialien. Vieles spricht für Kunststoff – die Bretter sind einfach zu säubern und, wenn sie von guter Qualität sind, auch schnitt- und kratzfest. Ich bevorzuge Holzbretter mit einer Saftrille, die beim Obstschneiden den austretenden Saft auffängt.

Sieb

Zum Waschen der Früchte und für den Fall, dass man eine kernfreie Marmelade herstellen möchte, benötigt man ein Haarsieb aus Edelstahl. Es sollte feinmaschig und außerdem groß genug sein, um es auf einen Topf setzen zu können. So erleichtert man sich die Arbeit.

Stabmixer

Zum Pürieren der rohen oder gekochten Früchte verwende ich häufig einen Stabmixer. Er ist handlicher und lässt sich leichter aufbewahren als beispielsweise eine Küchenmaschine. Außerdem kann man das Obst direkt im Topf pürieren und das lästige Umfüllen entfällt.

Topf

Ich arbeite gern mit einem großen Topf, der breiter als tief ist, damit die Hitze sich schnell entwickeln kann, die Früchte schneller kochen und ihr Geschmack erhalten bleibt. Da es beim Zubereiten von Fruchtaufstrich um Sekunden gehen kann, arbeite ich stets ohne Deckel. Sollten Sie einen Deckel benutzen wollen, rate ich zu einem Glasdeckel. Auf diese Weise können Sie den Kochvorgang gut beobachten.

Zitruspresse

Für einige Gelees und Fruchtaufstriche wird zum Gewinnen von Saft eine Zitruspresse benötigt. Auch wenn die Marmelade nicht richtig gelieren will oder man dem Aroma noch einen Kick geben möchte, kann ein Schuss frischer Zitronensaft Wunder wirken.

Meine Äpfel kaufe ich am liebsten bei einem Bauern im Alten Land. Er nimmt sich immer Zeit für ein kleines Schwätzchen. So macht mir der Einkauf noch mehr Freude; die Äpfel bekommen für mich eine Seele.

Apfel-Zimt-Konfitüre

ZUBEREITUNGSZEIT: 50 MINUTEN
FÜR 4 GLÄSER À 300 G

1 kg Äpfel (z. B. Elstar)
50 ml Apfelsaft
1 gestrichener
EL Zimtpulver
500 g Gelierzucker 2:1

Tipp
Bevor man den Gelierzucker einrührt, kann man die Hälfte der Apfel-Zimt-Masse abfüllen und später wunderbar als Apfelkompott genießen. Für die Konfitüre braucht man dann nur noch 250 g Gelierzucker.

1. Die Äpfel schälen, vierteln und das Kerngehäuse entfernen. Die Apfelspalten in kleine mundgerechte Stücke schneiden.

2. Die Apfelstücke in einen Topf geben und den Apfelsaft angießen. Das Zimtpulver unterrühren. Bei kleiner Hitze etwa 20 Minuten köcheln lassen. Die Apfelstücke sollen leicht zerfallen, aber nicht matschig sein. Eventuell noch etwas Wasser zufügen, damit die Äpfel nicht anbrennen.

3. Unter Rühren langsam den Gelierzucker zugeben. Die Apfelmasse bei großer Hitze mehrere Minuten sprudelnd kochen lassen, dabei ununterbrochen rühren. Die Gelierprobe machen: Etwas heiße Konfitüre auf einen kalten Teller geben. Wird sie sofort fest, ist die Konfitüre fertig. Andernfalls noch 1–2 Minuten weiterkochen.

4. Die heiße Konfitüre in saubere Twist-off-Gläser füllen. Die Gläser sofort mit Deckel verschließen und für 10 Minuten auf den Kopf stellen. Danach umdrehen und kalt werden lassen.

Diesen Fruchtaufstrich koche ich immer dann, wenn ich mich nach Urlaub sehne. Die Ananas verleiht dem Gelee einen Hauch Exotik.

Apfelgelee mit Ananas

ZUBEREITUNGSZEIT: 70 MINUTEN
FÜR 4 GLÄSER À 300 G

1,5 kg säuerliche Äpfel (z. B. Boskoop)
200 g Ananas (küchenfertig)
500 g Gelierzucker 2:1

1. Die Äpfel schälen, vierteln und das Kerngehäuse entfernen. Äpfel in große Stücke schneiden und mit einer Saftpresse entsaften. Dabei sollte etwa 1 Liter Apfelsaft entstehen.

2. Die Ananas in kleine Stücke schneiden und in 4 saubere Twist-off-Gläser verteilen.

3. Den Apfelsaft in einem Topf zum Kochen bringen, dann unter Rühren langsam den Gelierzucker zugeben. Bei großer Hitze mehrere Minuten sprudelnd kochen lassen, dabei ununterbrochen rühren. Die Gelierprobe machen: Etwas heißen Saft auf einen kalten Teller geben. Wird er sofort fest, ist das Gelee fertig. Andernfalls noch 1–2 Minuten weiterkochen.

4. Den heißen Saft in die Twist-off-Gläser füllen. Die Gläser sofort mit Deckel verschließen und auf den Kopf stellen. Wenn der Saft zu gelieren beginnt, die Gläser wieder umdrehen. So schwimmen die Ananasstücke später nicht nur oben, sondern verteilen sich dekorativ im Glas.

Tipp
Wer sich die Arbeit des Entsaftens sparen möchte, kann auch fertigen Apfelsaft kaufen. Achten Sie beim Einkauf auf die Bezeichnung »Fruchtsaft«. Sie garantiert einen Fruchtgehalt von 100 Prozent, selbst wenn es auf dem Etikett nicht ausdrücklich vermerkt ist. Außerdem darf Fruchtsaft weder Farb- noch Konservierungsstoffe enthalten.

Ein Fruchtaufstrich, der sich auch in der kalten Jahreszeit wunderbar aus frischen Früchten zubereiten lässt.

Birne-Apfel-Fruchtaufstrich

ZUBEREITUNGSZEIT: 45 MINUTEN
FÜR 4 GLÄSER À 300 G

500 g Äpfel
500 g Birnen
1 Päckchen Bourbon-
Vanillezucker
50 g frische Ingwerwurzel
500 g Gelierzucker 2:1

Tipp
Ingwer ist ein Alleskönner. Die scharfe Wurzel peppt nicht nur geschmacklich süße Speisen und Kompott auf, sie stärkt auch das Immunsystem und macht fit.

1. Die Früchte schälen, vierteln und das Kerngehäuse entfernen. Dann in kleine Würfel schneiden.

2. Die Fruchtwürfel mit etwas Wasser in einen Kochtopf geben und zum Kochen bringen. Inzwischen den Ingwer schälen und fein reiben. Wenn die Früchte weich sind, Ingwer und Vanillezucker hinzufügen.

3. Unter Rühren langsam den Gelierzucker zugeben. Die Fruchtmasse bei großer Hitze mehrere Minuten sprudelnd kochen lassen, dabei ununterbrochen rühren. Die Gelierprobe machen: Etwas heißen Fruchtaufstrich auf einen kalten Teller geben. Wird er sofort fest, ist der Fruchtaufstrich fertig. Andernfalls noch 1–2 Minuten weiterkochen.

4. Den heißen Fruchtaufstrich in saubere Twist-off-Gläser füllen. Die Gläser sofort mit Deckel verschließen und für 10 Minuten auf den Kopf stellen. Danach umdrehen und kalt werden lassen.

Diesen Fruchtaufstrich bringe ich gern als Gastgeschenk zu Einladungen mit. Er ist nicht nur eine Augenweide, sondern schmeckt auch verführerisch lecker.

Aprikosen-Lavendel-Fruchtaufstrich

ZUBEREITUNGSZEIT: 45 MINUTEN
FÜR 4 GLÄSER À 300 G

1 kg Aprikosen
2 Lavendelzweige
500 g Gelierzucker 2:1

1. Die Aprikosen waschen und abtropfen lassen. Dann halbieren, den Stein entfernen und die Fruchthälften in jeweils vier Spalten schneiden. Die Lavendelblüten von den Zweigen zupfen.

2. In einem Topf die Aprikosen mit den Lavendelblüten zum Kochen bringen. Dann unter Rühren langsam den Gelierzucker zugeben. Bei großer Hitze mehrere Minuten sprudelnd kochen lassen, dabei ununterbrochen rühren. Die Gelierprobe machen: Etwas heißen Fruchtaufstrich auf einen kalten Teller geben. Wird er sofort fest, ist der Fruchtaufstrich fertig. Andernfalls noch 1–2 Minuten weiterkochen.

3. Den heißen Fruchtaufstrich in saubere Twist-off-Gläser füllen. Die Gläser sofort mit Deckel verschließen und für 10 Minuten auf den Kopf stellen. Danach umdrehen und kalt werden lassen.

Tipp

Die Lavendelzweige sammle ich am liebsten selbst im Urlaub. Getrocknet eignen sie sich toll für die Zubereitung von Fruchtaufstrichen oder Süßspeisen. Beim Essen denkt man sofort wieder an fröhliche Sommertage im Süden.

Dieser Fruchtaufstrich erinnert mich an meine Uroma. Sie hatte einen großen Garten, ein Teil davon war etwas wilder. Hier stand der Kirschbaum, und am Zaun rankten sich große Johannis- und Himbeersträucher empor. Von diesen Früchten landeten nicht viele im Topf, dafür umso mehr in meinem Mund.

Drei-Frucht-Aufstrich

ZUBEREITUNGSZEIT: 45 MINUTEN
FÜR 4 GLÄSER À 300 G

400 g Sauerkirschen
400 g Johannisbeeren
200 g Himbeeren
500 g Gelierzucker 2:1

Tipp
Konfitüren aus verschiedenen Früchten sind bei vielen Feinschmeckern beliebter als reinsortige Fruchtaufstriche. Lassen Sie Ihrer Fantasie beim Kombinieren der Obstsorten freien Lauf.

1. Die Kirschen waschen und abtropfen lassen. Dann entstielen, halbieren und den Stein entfernen.

2. Die Beeren putzen, verlesen, waschen und auf Küchenpapier abtropfen lassen. Die Johannisbeeren von den Rispen zupfen.

3. Alle Früchte in einen Topf geben und zum Kochen bringen, dabei ununterbrochen rühren.

4. Unter Rühren langsam den Gelierzucker zugeben. Die Fruchtmasse bei großer Hitze mehrere Minuten sprudelnd kochen lassen, dabei wiederum ununterbrochen rühren. Die Gelierprobe machen: Etwas heißen Fruchtaufstrich auf einen kalten Teller geben. Wird er sofort fest, ist der Fruchtaufstrich fertig. Andernfalls noch 1–2 Minuten weiterkochen.

5. Den heißen Fruchtaufstrich in saubere Twist-off-Gläser füllen. Die Gläser sofort mit Deckel verschließen und für 10 Minuten auf den Kopf stellen. Danach umdrehen und kalt werden lassen.

Wild wachsende Brombeeren kann man im Spätsommer auch selbst sammeln. Wichtig: Nur reife Früchte pflücken, die sich leicht abzupfen lassen.

Brombeere royal

ZUBEREITUNGSZEIT: 40 MINUTEN
FÜR 4 GLÄSER À 300 G

900 g Brombeeren
200 ml Prosecco
500 g Gelierzucker 2:1

Tipp
Ich verbinde die Beerenernte gerne mit einem langen Spaziergang und merke mir die Sammelstellen für das nächste Jahr. Die Brombeersträucher haben spitze Dornen, deshalb trage ich immer ein Shirt mit langen Ärmeln und eine lange Hose.

1. Die Brombeeren putzen, verlesen, waschen und auf Küchenpapier abtropfen lassen. Dann kurz mit dem Stabmixer anpürieren.

2. Die Fruchtmasse in einem Topf bei großer Hitze unter Rühren aufkochen lassen. Sobald sie Blasen schlägt, den Prosecco angießen.

3. Unter Rühren langsam den Gelierzucker zugeben. Die Fruchtmasse bei großer Hitze mehrere Minuten sprudelnd kochen lassen, dabei ununterbrochen rühren. Die Gelierprobe machen: Etwas heiße Konfitüre auf einen kalten Teller geben. Wird sie sofort fest, ist die Konfitüre fertig. Andernfalls noch 1–2 Minuten weiterkochen.

4. Die heiße Konfitüre in saubere Twist-off-Gläser füllen. Die Gläser sofort mit Deckel verschließen und für 10 Minuten auf den Kopf stellen. Danach umdrehen und kalt werden lassen.

Der unschlagbare Klassiker. Dieser Fruchtaufstrich hat Suchtpotenzial. Sagen Sie nicht, ich hätte Sie nicht gewarnt.

Erdbeerkonfitüre

ZUBEREITUNGSZEIT: 35 MINUTEN
FÜR 4 GLÄSER À 300 G

1 kg Erdbeeren
1 Spritzer Zitronensaft
500 g Gelierzucker 2:1

1. Die Erdbeeren waschen, den Stielansatz abzupfen und die Früchte je nach Größe halbieren oder vierteln.

2. Die Früchte zusammen mit dem Zitronensaft in einen Topf geben und zum Kochen bringen, dabei ununterbrochen rühren.

3. Langsam den Gelierzucker unter Rühren zugeben. Die Fruchtmasse bei großer Hitze mehrere Minuten sprudelnd kochen lassen, dabei ununterbrochen rühren. Die Gelierprobe machen: Etwas heißen Fruchtaufstrich auf einen kalten Teller geben. Wird er sofort fest, ist der Fruchtaufstrich fertig. Andernfalls noch 1–2 Minuten weiterkochen.

4. Den heißen Fruchtaufstrich in saubere Twist-off-Gläser füllen. Die Gläser sofort mit Deckel verschließen und für 10 Minuten auf den Kopf stellen. Danach umdrehen und kalt werden lassen.

Tipp
Für den klassischen Fruchtaufstrich mit Erdbeergeschmack eignen sich vor allem kleine Früchte, da sie besonders aromatisch sind. Perfekt sind Walderdbeeren. Zwar ist der Arbeitsaufwand etwas höher als bei großen Früchten, das Ergebnis kann sich aber schmecken lassen.

Mit dieser fruchtig-aromatischen Konfitüre läute ich den Sommer ein. Sie macht Appetit auf die schönste Jahreszeit und sonnige Stunden unter freiem Himmel.

Erdbeer-Rhabarber-Konfitüre

ZUBEREITUNGSZEIT: 1 STUNDE
FÜR 4 GLÄSER À 300 G

500 g Erdbeeren
500 g Rhabarber
500 g Gelierzucker 2:1

Tipp
Bereiten Sie die doppelte Menge Früchte vor. Aus einer Hälfte können Sie durch Zugabe von Rote-Grütze-Pulver oder Perlsago eine köstliche Rote Grütze zaubern, aus der zweiten die Konfitüre.

1. Die Erdbeeren waschen, den Stielansatz abzupfen und die Früchte je nach Größe halbieren oder vierteln. Den Rhabarber abziehen, die harten Enden abschneiden. Rhabarberstängel waschen und in fingerdicke Stücke schneiden.

2. Alle Früchte in einen Topf geben, einmal aufkochen und bei kleiner Hitze 20 Minuten köcheln lassen, bis der Rhabarber leicht zerfällt. Dabei häufig umrühren, damit die Früchte nicht anbrennen. Eventuell etwas Wasser angießen.

3. Unter Rühren langsam den Gelierzucker zugeben. Die Fruchtmasse bei großer Hitze mehrere Minuten sprudelnd kochen lassen, dabei ununterbrochen rühren. Die Gelierprobe machen: Etwas heiße Konfitüre auf einen kalten Teller geben. Wird sie sofort fest, ist die Konfitüre fertig. Andernfalls noch 1–2 Minuten weiterkochen.

4. Die heiße Konfitüre in saubere Twist-off-Gläser füllen. Die Gläser sofort mit Deckel verschließen und für 10 Minuten auf den Kopf stellen. Danach umdrehen und kalt werden lassen.

Exotische und heimatliche Früchte in perfekter Kombination, harmonisch abgerundet durch einen edlen Obstbrand.

Feigen-Birne-Konfitüre

ZUBEREITUNGSZEIT: 50 MINUTEN
(+ 2 STUNDEN RUHEZEIT),
FÜR 4 GLÄSER À 300 G

800 g Birnen
200 g Feigen
2 EL Zitronensaft
2 cl Williamsbrand
500 g Gelierzucker 2:1

1. Die Birnen schälen, vierteln und das Kerngehäuse entfernen. Die Birnenspalten in kleine Stücke schneiden. Die Feigen waschen und in Würfel schneiden.

2. Die Früchte mit dem Stabmixer oder im Mixer pürieren. Den Zitronensaft und den Williamsbrand untermischen. Zugedeckt 2 Stunden ziehen lassen.

3. Die Fruchtmasse in einem Topf bei großer Hitze zum Kochen bringen. Unter Rühren langsam den Gelierzucker zugeben. Mehrere Minuten sprudelnd kochen lassen, dabei ununterbrochen rühren. Die Gelierprobe machen: Etwas heiße Konfitüre auf einen kalten Teller geben. Wird sie sofort fest, ist die Konfitüre fertig. Andernfalls noch 1–2 Minuten weiterkochen.

4. Die heiße Konfitüre in saubere Twist-off-Gläser füllen. Die Gläser sofort mit Deckel verschließen und für 10 Minuten auf den Kopf stellen. Danach umdrehen und kalt werden lassen.

Tipp
Sie können diese Konfitüre auch sehr gut als fruchtige Beilage zu einer Käseplatte reichen. Besonders gut schmeckt sie zu gereiften Käsesorten.

Steckt man einen Löffel mit dem süßen Elixier in den Mund, dann weiß man, dass die Nase nicht zu viel versprochen hat.

Himbeer-Fruchtaufstrich

ZUBEREITUNGSZEIT: 20 MINUTEN
FÜR 4 GLÄSER À 300 G

1 kg Himbeeren
500 g Gelierzucker 2:1

Tipp

Wer keine Kerne im Fruchtaufstrich mag, streicht die Himbeeren vor dem Kochen portionsweise zweimal durch ein feines Haarsieb. Dieses Püree kann man auch gut mit Vanillezucker verfeinern und als Fruchtspiegel für Obstsalat verwenden.

1. Die Himbeeren putzen, verlesen und nur kurz in stehendem Wasser waschen, damit sie ihr Aroma behalten. Dann auf Küchenpapier abtropfen lassen.

2. Die Früchte in einen Topf geben und bei mittlerer Hitze 5 Minuten köcheln lassen.

3. Unter Rühren langsam den Gelierzucker zugeben. Die Fruchtmasse bei großer Hitze mehrere Minuten sprudelnd kochen lassen, dabei ununterbrochen rühren. Die Gelierprobe machen: Etwas heißen Fruchtaufstrich auf einen kalten Teller geben. Wird er sofort fest, ist der Fruchtaufstrich fertig. Andernfalls noch 1–2 Minuten weiterkochen.

4. Den heißen Fruchtaufstrich in saubere Twist-off-Gläser füllen. Die Gläser sofort mit Deckel verschließen und für 10 Minuten auf den Kopf stellen. Danach umdrehen und kalt werden lassen.

Johannisbeergelee ist einer meiner Favoriten, weil es so vielseitig ist. Ich verwende es nicht nur als Brotaufstrich, sondern auch für Kuchen, Desserts und zum Aromatisieren von dunklen Bratensaucen.

Johannisbeergelee

ZUBEREITUNGSZEIT: 1 STUNDE
FÜR 4 GLÄSER À 300 G

1,2 kg Johannisbeeren
500 g Gelierzucker 2:1

Tipp
Einen schönen Farbeffekt erzielt man, wenn man zunächst ein Gelee aus schwarzen Johannisbeeren kocht und die Gläser zur Hälfte damit füllt. Das Gelee abkühlen lassen und anschließend mit einem Gelee aus weißen Johannisbeeren auffüllen.

1. Die Johannisbeeren putzen, verlesen, waschen und auf Küchenpapier abtropfen lassen. Dann die Beeren von den Rispen zupfen.

2. Die Beeren mit etwas Wasser leicht erhitzen und anschließend mit dem Stabmixer pürieren. Das Püree durch ein feines Haarsieb streichen.

3. Das Fruchtpüree in einem Topf bei großer Hitze zum Kochen bringen. Unter Rühren langsam den Gelierzucker zugeben. Mehrere Minuten sprudelnd kochen lassen, dabei ununterbrochen rühren. Die Gelierprobe machen: Etwas heißes Gelee auf einen kalten Teller geben. Wird es sofort fest, ist das Gelee fertig. Andernfalls noch 1–2 Minuten weiterkochen.

4. Das heiße Gelee in saubere Twist-off-Gläser füllen. Die Gläser sofort mit Deckel verschließen und für 10 Minuten auf den Kopf stellen. Danach umdrehen und kalt werden lassen.

Ein perfekter Start in den Tag!
Das kräftige Grün und der tropische
Geschmack dieser Konfitüre bringen gute
Laune auf jeden Frühstückstisch.

Kiwi-Apfel-Konfitüre

ZUBEREITUNGSZEIT: 40 MINUTEN
FÜR 4 GLÄSER À 300 G

750 g Kiwis
250 g Äpfel
1 Spritzer Zitronensaft
500 g Gelierzucker 2:1

Tipp
Ersetzen Sie im Sommer die Äpfel durch
250 g Stachelbeeren oder weiße Johannisbeeren. Für einen zusätzlichen Kick 4 cl Gin
in die kochend heiße Konfitüre einrühren.

1. Die Kiwis schälen, halbieren und in kleine
Würfel schneiden. Die Äpfel schälen, vierteln
und das Kerngehäuse entfernen. Die Apfelspalten in kleine Stücke schneiden.

2. Die Früchte mit dem Zitronensaft in einen
Topf geben, einmal aufkochen und bei kleiner
Hitze 20 Minuten köcheln lassen. Dabei
häufig umrühren, damit die Früchte nicht
anbrennen. Die Fruchtmasse mit dem Stabmixer pürieren.

3. Das Fruchtpüree erneut aufkochen. Unter
Rühren langsam den Gelierzucker zugeben.
Bei großer Hitze mehrere Minuten sprudelnd
kochen lassen, dabei ununterbrochen rühren.
Die Gelierprobe machen: Etwas heiße Konfitüre auf einen kalten Teller geben. Wird sie
sofort fest, ist die Konfitüre fertig. Andernfalls noch 1–2 Minuten weiterkochen.

4. Die heiße Konfitüre in saubere Twist-off-
Gläser füllen. Die Gläser sofort mit Deckel
verschließen und für 10 Minuten auf den
Kopf stellen. Danach umdrehen und kalt
werden lassen.

Mehr als »nur« ein Brotaufstrich.
Diese Konfitüre eignet sich auch sehr gut
als Füllung für einen Halloween-Pie.

Kürbis-Apfel-Konfitüre

ZUBEREITUNGSZEIT: 70 MINUTEN
FÜR 4 GLÄSER À 300 G

800 g Hokkaidokürbis
500 g säuerliche Äpfel
(z. B. Cox Orange)
1 gestrichener
TL Zimtpulver
500 g Gelierzucker 2:1

1. Den Kürbis waschen und mit einem Löffel die Kerne entfernen. Den ungeschälten Kürbis in kleine Würfel schneiden.

Tipp
Die Kürbis-Apfel-Mischung schmeckt auch als würziges Chutney. Dazu die Kürbis- und Apfelstücke mit Honig, Piment, Kardamom, Ingwer und Zimt würzen, etwas Obstessig angießen und alles 15–20 Minuten kochen. Dann sofort in saubere Gläser füllen.

2. Die Kürbiswürfel in einen Topf geben und mit etwas Wasser bei kleiner Hitze langsam zum Kochen bringen.

3. Inzwischen die Äpfel schälen, vierteln und das Kerngehäuse entfernen. Die Apfelspalten in kleine Stücke schneiden. Unter das Kürbisgemüse mischen, einmal aufkochen lassen und etwa 20 Minuten bei kleiner Hitze kochen, bis alle Zutaten weich sind.

4. Die Kürbis-Apfel-Mischung mit dem Stabmixer pürieren und das Zimtpulver einrühren.

5. Das Püree erneut aufkochen lassen. Wenn die Masse Blasen wirft, den Gelierzucker langsam unter Rühren zugeben. Bei großer Hitze mehrere Minuten sprudelnd kochen lassen, dabei ununterbrochen rühren. Die Gelierprobe machen: Etwas heiße Konfitüre auf einen kalten Teller geben. Wird sie sofort fest, ist die Konfitüre fertig. Andernfalls noch 1–2 Minuten weiterkochen.

6. Die heiße Konfitüre in saubere Twist-off-Gläser füllen. Die Gläser sofort mit Deckel verschließen und für 10 Minuten auf den Kopf stellen. Danach umdrehen und kalt werden lassen.

Holunderblütengelee

ZUBEREITUNGSZEIT: 30 MINUTEN
(+ 24 STUNDEN RUHEZEIT)
FÜR 4 GLÄSER À 300 G

25 Holunderblütendolden
600 ml Apfelsaft
600 ml Wasser
500 g Gelierzucker 2:1

Tipp

Den Blütensud kann man auch mit 500 g Zucker anstelle von Gelierzucker aufkochen lassen. So erhält man einen tollen Sirup, der mit Mineralwasser oder Prosecco aufgegossen köstlich schmeckt. In eine hübsche Flasche abgefüllt, ist der Holunderblütensirup ein hübsches Geschenk.

1. Die Holunderblüten über einem weißen Tuch schütteln und auf mögliche Insekten untersuchen. Dann kurz unter kaltem Wasser abspülen und auf Küchenpapier abtropfen lassen.

2. Die Blüten in eine Schüssel legen. Den Apfelsaft mit dem Wasser mischen und über die Blüten gießen. 24 Stunden ziehen lassen.

3. Ein Sieb mit einem Passiertuch auslegen und auf eine große Schüssel setzen. Den Blütensud hineingießen und sorgfältig abtropfen lassen.

4. Den Blütensud in einem Topf zum Kochen bringen. Unter Rühren langsam den Gelierzucker zugeben. Mehrere Minuten sprudelnd kochen lassen, dabei ununterbrochen rühren. Die Gelierprobe machen: Etwas heißes Gelee auf einen kalten Teller geben. Wird es sofort fest, ist das Gelee fertig. Andernfalls noch 1–2 Minuten weiterkochen.

5. Das heiße Gelee in saubere Twist-off-Gläser füllen. Die Gläser sofort mit Deckel verschließen und für 10 Minuten auf den Kopf stellen. Danach umdrehen und kalt werden lassen.

Ein Traum aus Frucht und Kakaobohne. Verfeinert mit 2 cl Kirschwasser, unter die fertige, heiße Konfitüre gerührt, wird dieser Fruchtaufstrich zum Schwarzwälder Kirschtraum für Erwachsene.

Kirsch-Schoko-Konfitüre

ZUBEREITUNGSZEIT: 50 MINUTEN
FÜR 4 GLÄSER À 300 G

1 kg Sauerkirschen
200 g Blockschokolade
500 g Gelierzucker 2:1

1. Die Kirschen waschen und sorgfältig abtropfen lassen. Anschließend entstielen, halbieren und den Stein entfernen.

Tipp
Da der Sauerkirschsaft stark färbt, trage ich beim Verarbeiten der Kirschen immer Einweghandschuhe.

2. Die Blockschokolade mit einem großen Messer in möglichst kleine Stücke hacken.

3. Die Früchte in einen Topf geben und einmal aufkochen lassen. Dann vom Herd nehmen und mit dem Stabmixer pürieren.

4. Das Fruchtpüree erneut aufkochen. Wenn die Masse Blasen wirft, die Blockschokolade portionsweise unterrühren.

5. Unter Rühren langsam den Gelierzucker zugeben. Bei großer Hitze mehrere Minuten sprudelnd kochen lassen, dabei ununterbrochen rühren. Die Gelierprobe machen: Etwas heiße Konfitüre auf einen kalten Teller geben. Wird sie sofort fest, ist die Konfitüre fertig. Andernfalls noch 1–2 Minuten weiterkochen.

6. Die heiße Konfitüre in saubere Twist-off-Gläser füllen. Die Gläser sofort mit den Deckeln verschließen und für 10 Minuten auf den Kopf stellen. Danach umdrehen und erkalten lassen.

Ich freue mich jedes Jahr auf die Mirabellenernte bei den Eltern meiner Freundin. In ihrem Garten darf ich die feinen Früchtchen pflücken. Und es bleibt immer genügend Zeit für einen gemütlichen Kaffeeklatsch.

Mirabellen-Vanille-Konfitüre

ZUBEREITUNGSZEIT: 40 MINUTEN
(+ 1 STUNDE RUHEZEIT)
FÜR 4 GLÄSER À 300 G

1 kg Mirabellen
1 Vanilleschote
500 g Gelierzucker 2:1

1. Die Mirabellen waschen und sorgfältig abtropfen lassen. Dann entstielen, vierteln und den Stein entfernen.

2. Die Vanilleschote längs aufschlitzen und mit den Früchten in eine Schüssel legen. 1 Stunde zugedeckt ziehen lassen.

3. Mit einem kleinen Küchenmesser das Mark aus der Vanilleschote herauskratzen. Die Mirabellen mit dem Vanillemark in einem Topf aufkochen lassen.

4. Unter Rühren langsam den Gelierzucker zugeben. Bei großer Hitze mehrere Minuten sprudelnd kochen lassen, dabei ununterbrochen rühren. Die Gelierprobe machen: Etwas heiße Konfitüre auf einen kalten Teller geben. Wird sie sofort fest, ist die Konfitüre fertig. Andernfalls noch 1–2 Minuten weiterkochen.

5. Die heiße Konfitüre in saubere Twist-off-Gläser füllen. Die Gläser sofort mit Deckel verschließen und für 10 Minuten auf den Kopf stellen. Danach umdrehen und kalt werden lassen.

Tipp
Vanilleschoten werden in allen tropischen Regionen angebaut. Ihr Geschmack hängt vom Herkunftsland ab: Bourbon-Vanille schmeckt leicht rauchig, Vanille aus Indonesien kräftig aromatisch, Mexiko-Vanille hat eine elegante Note, und die Schoten aus Tahiti erfreuen durch ein florales Geschmacksprofil.

Nicht nur Männer lieben dieses Gelee.
Es ist ein köstliches Highlight auf jedem
Frühstückstisch, besonders in Begleitung
von frischen Croissants oder Toast.

Orangen-Grapefruit-Gelee mit Whisky

ZUBEREITUNGSZEIT: 50 MINUTEN
FÜR 4 GLÄSER À 300 G

10 mittelgroße Orangen
5 Grapefruits
100 ml Whisky
500 g Gelierzucker 2:1
30 g pflanzliches Gelier-
mittel (z. B. Agartine)

1. Die Orangen und die Grapefruits halbieren
und den Saft auspressen. Anschließend den
Saft durch einen Kaffeefilter aus Papier oder
ein feines Mulltuch filtern, damit er möglichst
klar ist.

2. Den Saft mit dem Whisky in einem Topf
zum Kochen bringen. Den Gelierzucker unter
Rühren langsam zugeben. Bei großer Hitze
sprudelnd aufkochen lassen, anschließend
das Geliermittel einrühren. Einige Minuten
kochen, dabei ununterbrochen rühren. Die
Gelierprobe machen: Etwas heißen Saft auf
einen kalten Teller geben. Wird er sofort fest,
ist das Gelee fertig. Andernfalls noch 1–2 Minuten weiterkochen.

3. Den heißen Saft in die Twist-off-Gläser
füllen. Die Gläser sofort mit Deckel verschließen und für 10 Minuten auf den Kopf stellen.
Danach umdrehen und kalt werden lassen.

Tipp
Legt man je ein Stück Orange und Grapefruit
mit ins Glas, erinnert das Gelee beim Öffnen
an einen Longdrink.

In weihnachtlichem Gewand präsentiert sich dieses würzige Gelee. Auf einer Scheibe Früchtebrot ist es eine leckere Alternative zum Stollen.

Orangengelee

ZUBEREITUNGSZEIT: 40 MINUTEN
FÜR 4 GLÄSER À 300 G

15 mittelgroße Orangen

5 Gewürznelken

2 Zimtstangen

4 Sternanis

500 g Gelierzucker 2:1

1. Die Orangen halbieren und den Saft auspressen. Anschließend den Saft durch einen Kaffeefilter aus Papier oder ein feines Mulltuch filtern, damit er möglichst klar ist.

2. Den Saft mit den Gewürzen in einem Topf langsam zum Kochen bringen. Dann die Gewürze wieder entfernen. In vier saubere Twist-off-Gläser jeweils 1 Sternanis legen. Den Saft wieder aufkochen lassen.

3. Unter Rühren den Gelierzucker langsam zugeben. Bei großer Hitze mehrere Minuten sprudelnd kochen lassen, dabei ununterbrochen rühren. Die Gelierprobe machen: Etwas heißen Saft auf einen kalten Teller geben. Wird er sofort fest, ist das Gelee fertig. Andernfalls noch 1–2 Minuten weiterkochen.

4. Den heißen Saft in die Twist-off-Gläser füllen. Die Gläser sofort mit Deckel verschließen und für 10 Minuten auf den Kopf stellen. Danach umdrehen und kalt werden lassen.

Tipp
Nelken und Zimt in ein Gewürzsäckchen oder in ein verschließbares Teesieb legen. Nach dem Kochen kann man es einfach herausheben und muss nicht in der heißen Flüssigkeit nach den Gewürzen fischen.

Die Pflaumen gibt's aus Nachbars Schrebergarten im Tausch gegen ein paar Gläser dieser genialen Köstlichkeit. Das freut beide Seiten.

Pflaumenmus

ZUBEREITUNGSZEIT: 2 STUNDEN
(+ 8 STUNDEN RUHEZEIT)
FÜR 4 GLÄSER À 300 G

1,8 kg Pflaumen

400 g Zucker

2 EL Zitronensaft

2 Gewürznelken

1 Zimtstange

1. Die Pflaumen waschen und abtropfen lassen. Dann entstielen, halbieren und den Stein entfernen.

2. Pflaumen mit der Schnittstelle nach unten in einen großen Bräter legen. Mit dem Zucker bestreuen, den Zitronensaft, die Gewürznelken und die Zimtstange dazugeben. Zugedeckt 8 Stunden ziehen lassen.

3. Den Bräter mit den Pflaumen in den 150 °C heißen Backofen stellen. 80 Minuten backen. Während dieser Zeit nicht umrühren.

4. Das Pflaumenmus in einen Topf umfüllen und weitere 10 Minuten auf dem Herd bei mittlerer Hitze unter ständigem Rühren kochen.

5. Gewürznelken und Zimtstange entfernen. Das heiße Pflaumenmus in saubere Twist-off-Gläser füllen. Die Gläser sofort mit Deckel verschließen und für 10 Minuten auf den Kopf stellen. Danach umdrehen und kalt werden lassen.

Tipp
Pflaumenmus ist nicht nur ein beliebter Brotaufstrich, es wird auch gerne als Füllung von Buchteln, Kuchen und Torten verwendet.

Darf's ein wenig edler sein? Mit Rotwein wird der Fruchtaufstrich zur Delikatesse für erwachsene Süßschnäbel.

Pflaumen-Rotwein-Fruchtaufstrich

ZUBEREITUNGSZEIT: 1 STUNDE
FÜR 4 GLÄSER À 300 G

800 g Pflaumen

400 ml Rotwein
(z. B. Merlot)

1 TL Zimtpulver

500 g Gelierzucker 2:1

Tipp
Wenn die Schwiegereltern kommen, serviere ich zum Nachtisch einen Kaiserschmarrn und gebe diesen Fruchtaufstrich dazu. Am besten schmeckt er, wenn er kurz vorher erwärmt wurde.

1. Die Pflaumen waschen und abtropfen lassen. Dann entstielen, halbieren und den Stein entfernen.

2. Die Früchte mit 100 ml Rotwein in einen Topf geben und 20 Minuten bei mittlerer Hitze köcheln lassen.

3. Den restlichen Rotwein angießen und zum Kochen bringen. Unter Rühren das Zimtpulver und den Gelierzucker langsam zufügen. Bei großer Hitze mehrere Minuten sprudelnd kochen lassen, dabei ununterbrochen rühren. Die Gelierprobe machen: Etwas heißen Fruchtaufstrich auf einen kalten Teller geben. Wird er sofort fest, ist der Fruchtaufstrich fertig. Andernfalls noch 1–2 Minuten weiterkochen.

4. Den heißen Fruchtaufstrich in saubere Twist-off-Gläser füllen. Die Gläser sofort mit Deckel verschließen und für 10 Minuten auf den Kopf stellen. Danach umdrehen und kalt werden lassen.

Das feine Gelee schmeckt köstlich auf frischem Brot, eignet sich aber auch hervorragend zum Verfeinern von Saucen und zum Backen.

Quittengelee

ZUBEREITUNGSZEIT: 80 MINUTEN
(+ 2 STUNDEN RUHEZEIT)
FÜR 4 GLÄSER À 300 G

1,25 kg Quitten
1 Vanilleschote
500 g Gelierzucker 2:1

1. Die Quitten zunächst mit einem Tuch trocken abreiben, dann waschen und in Stücke schneiden. Den Stiel und das Kerngehäuse entfernen.

2. Die Früchte in einen Topf geben und so viel Wasser angießen, dass sie knapp bedeckt sind. Zum Kochen bringen und bei mittlerer Hitze etwa 15 Minuten köcheln lassen.

Tipp
Gusto italiano, italienischen Geschmack, erhält das Gelee durch einen kleinen Schluck Amaretto (20 ml), der unter das fertige heiße Gelee gerührt wird.

3. Ein Sieb mit einem Passiertuch auslegen und auf eine große Schüssel setzen. Die gekochten Quitten in das Sieb schütten, sorgfältig abtropfen lassen und leicht ausdrücken.

4. Den heißen Quittensaft in einen Topf umfüllen. Die Vanilleschote längs aufschlitzen und das Mark mit einem kleinen Küchenmesser herauskratzen. Schote und Mark zum Quittensaft geben. Zum Kochen bringen, dann die Schote entfernen.

5. Unter Rühren langsam den Gelierzucker zugeben. Mehrere Minuten sprudelnd kochen lassen, dabei ununterbrochen rühren. Die Gelierprobe machen: Etwas heißes Gelee auf einen kalten Teller geben. Wird es sofort fest, ist das Gelee fertig. Andernfalls noch 1–2 Minuten weiterkochen.

6. Das heiße Gelee in saubere Twist-off-Gläser füllen. Die Gläser sofort mit Deckel verschließen und für 10 Minuten auf den Kopf stellen. Danach umdrehen und kalt werden.

Selbst eingemacht

KONFITÜRE · GELEE · MARMELADE

Quitten gelee

59

Die aromatischen Quitten stehen zu Unrecht kulinarisch im Schatten von Äpfeln und Birnen. Vielleicht, weil ihre Verarbeitung ein wenig Zeit erfordert. Doch glauben Sie mir: Die Mühe lohnt sich.

Quittenkonfitüre

ZUBEREITUNGSZEIT: 90 MINUTEN
FÜR 4 GLÄSER À 300 G

1 kg Quitten
1 Prise Chilipulver
1 Prise Zimtpulver
500 g Gelierzucker 2:1

1. Die Quitten zunächst mit einem Tuch trocken abreiben, dann waschen und vierteln. Den Stiel und das Kerngehäuse entfernen, die Quitten in kleine Stücke schneiden.

2. Die Früchte in einen Topf geben und so viel Wasser angießen, dass sie knapp bedeckt sind. Zum Kochen bringen und bei mittlerer Hitze etwa 30 Minuten köcheln lassen.

3. Die Quitten in ein Sieb abschütten und abtropfen lassen. Anschließend wieder zurück in den Topf geben und mit dem Stabmixer glatt pürieren. Chili- und Zimtpulver unterrühren und erneut aufkochen.

4. Unter Rühren langsam den Gelierzucker zugeben. Mehrere Minuten sprudelnd kochen lassen, dabei ununterbrochen rühren. Die Gelierprobe machen: Etwas heiße Konfitüre auf einen kalten Teller geben. Wird sie sofort fest, ist die Konfertüre fertig. Andernfalls noch 1–2 Minuten weiterkochen.

5. Die heiße Konfitüre in saubere Twist-off-Gläser füllen. Die Gläser sofort mit Deckel verschließen und für 10 Minuten auf den Kopf stellen. Danach umdrehen und kalt werden lassen.

Tipp
Wenn ich frischen Rotkohl koche, verfeinere ich ihn häufig mit Quittenkonfitüre. Das Gemüse erhält so einen ganz besonderen Geschmack. Nachmachen empfohlen.

Eine süße Verlockung, nicht nur für Verliebte, ist der feine Fruchtaufstrich aus Rosenblüten. Er eröffnet dem Gaumen ganz neue Geschmackserlebnisse, duftet betörend und macht fast ein wenig süchtig.

Rosen-Fruchtaufstrich

ZUBEREITUNGSZEIT: 35 MINUTEN
(+ 15 STUNDEN RUHEZEIT)
FÜR 4 GLÄSER À 300 G

10 ungespritzte, unbehandelte Rosenblüten
2 EL Zitronensaft
1 Liter Wasser
500 g Gelierzucker 2:1

Tipp
Diese Rosen-Symphonie fülle ich auch gern in Weck-Gläser, um sie später zu verschenken. Ich verziere das Glas zudem mit einigen Rosen, die ich kurz schneide. Ich ernte immer wieder Begeisterung.

1. Die Blütenblätter abzupfen, vorsichtig waschen und den bitteren Blattansatz abschneiden. Die Blätter in eine Schüssel legen, mit dem Zitronensaft und dem Wasser begießen. Über Nacht ziehen lassen.

2. Die Rosenblätter mit dem Stabmixer pürieren und mit dem Zitronenwasser in einem Topf zum Kochen bringen.

3. Unter Rühren langsam den Gelierzucker zugeben. Bei großer Hitze mehrere Minuten sprudelnd kochen lassen, dabei ununterbrochen rühren. Die Gelierprobe machen: Etwas heißen Fruchtaufstrich auf einen kalten Teller geben. Wird er sofort fest, ist der Fruchtaufstrich fertig. Andernfalls noch 1–2 Minuten weiterkochen.

4. Den heißen Fruchtaufstrich in saubere Twist-off-Gläser füllen. Die Gläser sofort mit Deckel verschließen und für 10 Minuten auf den Kopf stellen. Danach umdrehen und kalt werden lassen.

Eine gesunde Frucht mit vielen Vitaminen, die in diesem Fruchtaufstrich ihre ganze Aromenfülle entfalten kann.

Stachelbeer-Fruchtaufstrich

ZUBEREITUNGSZEIT: 35 MINUTEN
FÜR 4 GLÄSER À 300 G

1 kg Stachelbeeren
200 ml Apfelsaft
500 g Gelierzucker 2:1

Tipp
Kaufen oder pflücken Sie lieber gleich etwas mehr Stachelbeeren. Die Versuchung, beim Kochen die eine oder andere der leckeren Früchte sofort zu vernaschen, ist einfach zu groß.

1. Die Stachelbeeren waschen und abtropfen lassen. Dann die Blütenansätze und die kurzen Stiele entfernen, die Stachelbeeren vierteln.

2. Die Früchte mit dem Apfelsaft in einen Topf geben und zum Kochen bringen.

3. Langsam den Gelierzucker unter Rühren zugeben. Die Fruchtmasse bei großer Hitze mehrere Minuten sprudelnd kochen lassen, dabei ununterbrochen rühren. Die Gelierprobe machen: Etwas heißen Fruchtaufstrich auf einen kalten Teller geben. Wird er sofort fest, ist der Fruchtaufstrich fertig. Andernfalls noch 1–2 Minuten weiterkochen.

4. Den heißen Fruchtaufstrich in saubere Twist-off-Gläser füllen. Die Gläser sofort mit Deckel verschließen und für 10 Minuten auf den Kopf stellen. Danach umdrehen und kalt werden lassen.

Weingelee

ZUBEREITUNGSZEIT: 30 MINUTEN
FÜR 4 GLÄSER À 300 G

1 Liter Weißwein

1 Prise schwarzer Pfeffer
aus der Mühle

je 1 Messerspitze
abgeriebene Schale von
1 Bioorange und -zitrone

1 Prise gemahlener
Kardamom

1 fein gehacktes
Minzeblatt

500 g Gelierzucker 2:1

30 g pflanzliches Gelier-
mittel (z. B. Agartine)

Ein Klassiker, der nie aus der Mode gekommen ist. Die Kombination von Wein und Süße unterstreicht die Aromen und regt den Gaumen an.

1. Den Weißwein in einem Topf erhitzen. Die Gewürze dazugeben und den Wein zum Kochen bringen.

2. Den Gelierzucker unter Rühren langsam zugeben. Bei großer Hitze sprudelnd aufkochen lassen, anschließend die Geliermittel einrühren. Einige Minuten kochen, dabei ununterbrochen rühren. Die Gelierprobe machen: Etwas heiße Flüssigkeit auf einen kalten Teller geben. Wird sie sofort fest, ist das Gelee fertig. Andernfalls noch 1–2 Minuten weiterkochen.

3. Die heiße Flüssigkeit in die Twist-off-Gläser füllen. Die Gläser sofort mit Deckel verschließen und für 10 Minuten auf den Kopf stellen. Danach umdrehen und kalt werden lassen.

Tipp
Weingelee hat in vielen Küchen einen festen Platz als »Würzmittel« gefunden. Es verfeinert Saucen und Dressings und gibt Kuchen und Desserts eine besondere Note. Außerdem ist das köstliche Gelee ein idealer Begleiter für festliche Braten und Roastbeef.

Danke

Zuallererst danke ich allen, die dieses Buch möglich gemacht haben: meiner Familie, meinen Freunden. Ich danke Uli, dem wunderbaren Fotografen, dessen Fotos mich immer wieder begeistern.

Außerdem danke ich denjenigen, die immer um mich sind und offensichtlich einen schier unerschütterlichen Glauben an mich als das Marmeladenmädchen haben. Aus diesem großen Kreis möchte ich vor allem Juliane und Daniel erwähnen. Ohne Euch würde das nicht möglich sein.

Ich bin jeden Tag dankbar, so viele großartige Menschen zu kennen und meine Freunde nennen zu dürfen (Annika, Johanna, Julia). Und ich bin gerührt, solch große Unterstützung erfahren zu dürfen (von den Sohrabi-Schwestern, von Springi und vielen anderen).

Ich danke meiner Tochter Mathilde, die mich jeden Tag so vieles lehrt ... Ich liebe dich.

Last but not least danke ich auch Ihnen, die Sie dieses Buch gekauft oder geschenkt bekommen haben, und wünsche Ihnen viel Spaß und gutes Gelingen.

Jeannette Jaster

www.marmeladenmädchen.com

Impressum

© Hädecke Verlag GmbH & Co. KG, D-71263 Weil der Stadt
www.haedecke-verlag.de

4 3 2 1 | 2016 2015 2014

Text und Rezepte: Jeannette Jaster
www.marmeladenmaedchen.com

Idee, Konzeption und Realisation: Ria Lottermoser
Fotos: Ulrich Lindenthal-Lazhar
Visuelle Gesamtkonzeption: Büro Jorge Schmidt, München
Layout und Satz: Carmen Marchwinski, München

ISBN 978-3-7750-0674-3

Printed in Germany